Готуємо
гречану кашу

Автор Ніколаєва Заряна
Ілюстратор Поліна Повшедна

Library For All Ltd.

Готуємо гречану кашу

Це видання опубліковано у 2022 році

Опубліковано Library For All Ltd
Електронна пошта: info@libraryforall.org
URL-адреса: libraryforall.org

Оригінальні малюнки Поліна Повшедна

Готуємо гречану кашу
Заряна, Ніколаєва
ISBN: 978-1-922951-61-8
SKU03501

Готуємо
гречану кашу

Ти любиш гречану кашу?

Хочеш навчитись готувати її?
Це дуже просто!

Насип у каструлю одну склянку гречаної крупи.

Налий 2 склянки питної води.

Посоли воду. Ти можеш поміряти сіль чайною ложкою.

Наприклад, покласти третину чайної ложки солі.

Або ти можеш взяти сіль
пальцями.

Візьми її трьома пальцями:
великим, вказівним та середнім.
Це називається дрібка солі.

Додай у воду столову ложку
соняшникової олії.

Накрий каструлю кришкою.

Попроси дорослого допомогти тобі увімкнути плиту.

Коли вода закипить, разом з дорослим зменшіть вогонь.

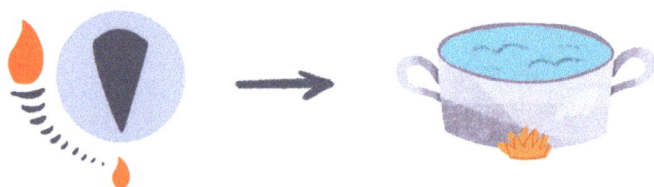

Бульбашки на воді зменшаться,
вода кипітиме ледь-ледь.

Зачекай 15-20 хв, доки каша приготується.

Ти побачиш, що крупинки каші стали м'якими, а води в каструлі не залишилось.

Разом з дорослим вимкни вогонь.

Каша готова!

Ти можеш додати масло чи спеції до смаку.

Експеримент:
Спробуй ввечері залити одну склянку гречаної крупи в каструлі двома склянками гарячої води.

Накрий каструлю кришкою. Хай постоїть всю ніч.

Перевір вранці — каша мала приготуватися навіть без варіння.

Замість води можна узяти зелений чай чи яблучний сік.

Ти кухар — можеш бути творчим та експериментувати!

Скористайся цими запитаннями, щоб обговорити книгу з сім'єю, друзями і вчителями.

Чому тебе навчила ця книга?

Опиши цю книгу одним словом. Смішна? Моторошна? Кольорова? Цікава?

Що ти відчуваєш після прочитання цієї книги?

Яка частина цієї книги найбільше тобі сподобалась?

Про співавторів

Library For All співпрацює з авторами й ілюстраторами зі всього світу, щоб сприяти створенню різноманітних, актуальних та якісних оповідань для юних читачів.

Відвідай наш сайт libraryforall.org, щоб дізнатися останні новини про письменницькі майстер-класи, рекомендації для подання заявок та інші творчі можливості.

Тобі сподобалась ця книга?

В нас є ще сотні унікальних оповідань, ретельно відібраних фахівцями.

Щоб забезпечити дітей у всьому світі доступом до радості читання, ми тісно співпрацюємо з авторами, педагогами, консультантами в сфері культури, представниками влади та неурядовими організаціями.

Чи відомо тобі?

Ми досягаємо глобальних результатів у цій царині, дотримуючись Цілей сталого розвитку Організації Об'єднаних Націй.